SUPLÉMENT

A LA NOUVELLE ÉDITION

DU PETIT ALMANACH

DES GRANDS HOMMES.

SUPLÉMENT
A LA NOUVELLE ÉDITION
DU PETIT ALMANACH
DES GRANDS HOMMES,
OU
LETTRE A MESSIEURS
DE RIVAROL
ET DE CHAMPCENETS,

Par un DES GRANDS HOMMES du
Petit Almanach.

M. DCC. LXXXVIII.

LETTRE
A MESSIEURS DE RIVAROL ET DE CHAMPCENETS,
Par un *des grands Hommes du Petit Almanach.*

VOus êtes trop bons, Monſieur le Comte, & Monſieur le Marquis, de diſtribuer des Brévets d'immortalité.

Quoi, toujours des Dieux nouveaux!
L'Olympe ne peut plus contenir tant de
têtes.

Peut-être eſpériez-vous que cette populace littéraire, ſi jalouſe d'encens, vous ſaurait gré de vos gratuites apotheoſes. On pourait croire en effet que des *Miſtringue* & des *Maribarou* & des *Mony-quitaine* qui n'ambitionnaient dans ce monde que des *fauteuils*, ſeraient très flattés de ſe trouver dans votre temple même ſur des autels. La gloire aiſée eſt ſi douce! Une canoniſation ſi précoce eût épargné bien des peines à *Voltaire*.

Malgré les précautions que vous

avez prises de placer tous vos *élus* dans leur niche, chacun selon sa naissance, & surtout selon son nom, personne n'est content de votre promotion, pas même ceux qui sont marqués au *B* : c'est un soulevement général Nouveaux Samsons, ils veulent ébranler la *colonade* de votre Panthéon : & c'est M. *Knapen* qui vous assommera, téméraires Philistins.

Convenez, Monsieur le Comte, que vous avez peur. Après la bravoure, rien peut-être n'est plus brave que l'aveu de la poltronerie : & il est permis aux descendans d'Archiloque, d'Alcée, de Démosthene, d'Horace enfin, de trembler à la guerre.

Encore, ſi ces Conjurés ne voulaient que vous battre ! votre vie eſt peu de choſe : mais votre honneur, Monſieur le Marquis, ils ſe ſont promis de vous l'ôter. Point de méchancetés qu'ils n'imaginent pour vous pérdre de réputation, à la Cour, comme à la Ville. Le Marquis ! dit l'un, ...

Je crois à ſa valeur comme à ſa probité.

Le Comte ! dit l'autre :

On ne ſait ce qu'il vaut que ſur ſa
bonne - foi.

Celui-ci prétend que tous deux vous n'êtes pas même les parens de vos peres. Celui-là demande où sont les ouvrages que vous avez faits, ... comme si toutes les Piéces Anonymes n'étaient pas de vous. On vous a même appliqué ce cruel passage de la Bruyere : « Tel tout d'un coup, » & sans y avoir pensé, prend du » papier, une plume, dit en soi- » même : je vais faire un livre, sans » autre talent pour écrire que le be- » soin qu'il a de 50 pistoles. »

Mais le plus sage de tous est celui qui, pour se venger, ne vous répond que par cet apologue :

» Un voyageur étoit importuné » du bruit des cigales ; il voulut les » tuer , & il ne fit que s'écarter » de ſa route. Il n'avait qu'à conti- » nuer paiſiblement ſon chemin. Les » cigales ſeraient mortes d'elles - mê- » mes au bout de huit jours. »

Toutes ces repliques-là, Meſſieurs, prouvent que vous n'avez pas affaire à des bêtes. On vous a engagés à vous moquer & de Monſieur *Bienvenu* & de Monſieur *Biennourri* : & Meſſieurs *Biennourri* & *Bienvenu* vous apprendront que

Qui ſe laiſſe outrager mérite qu'on l'outrage.

Entre nous, Monſieur le Comte & Monſieur le Marquis, vous êtes trop malins. Si tous les ſots étaient ici-bas pour vos menus-plaiſirs, ſavez-vous bien que vous courriez riſque de ne rire que vous deux. Et le plus grand malheur des Rois c'eſt de n'avoir point d'égaux.

Dailleurs, quand on eſt méchant, du-moins faut-il être juſte. Or je vous le demande: pouvez-vous, en conſcience, vous vanter d'avoir tiré de la pouſſiere un M. *d'Arnaud* qui a tant *écrit avec ſon cœur*; un M. *Berquin* l'idole de toutes les meres, parce qu'il eſt le pere de tous les enfans;

un M. *Sélis*, dont les leçons au College royal rendent *l'Abbé Delille* inutile ; un M. *Beranger*, ce *Paris* Provençal, qui a toujours des oranges à donner aux Belles ? Il vous a paru délicieux de persiffler M. *Punkouke*, qui a fait de la Librairie une des plus fertiles branches du Commerce ; qui non-seulement cultive les lettres, mais nourit ceux qui les cultivent. Le *Mercure* est le patrimoine des Muses.

A vous entendre, M. Manuel serait capable d'un Poeme épique, parce qu'il a fait des Madrigaux ; lui qui, avec plus de philosophie que de fortune, obscurément s'occupe

d'ouvrages

d'ouvrages utiles. Vous le dénoncez comme un faiseur d'épigrammes! & jamais aucun fiel n'a empoisonné son ame. Il lui est échapé quelques vérités morales; comme celle-ci:

> L'Histoire en a la preuve en mains;
> C'est l'exemple qui fait les hommes.
> Si Dieu renvoyait les Romains
> Dans le pauvre siécle où nous sommes,
> *Caton* tournerait à tout vent:
> *Lucrece* ferait une fille:
> *Messaline* irait au couvent:
> Et *Brutus* même, à la Bastille.

Mais ces vérités sont bonnes à dire.

Il n'en est pas de même, Messieurs,

de toutes celles dont vous chargez la mémoire des perſonnes qui vivent encore. Elles peuvent répandre l'allarme dans la plus ſéditieuſe des républiques. De quoi vous aviſez-vous d'humilier l'eſpece la plus fiere ?

Nous nous aimons un-peu : c'eſt notre foible à tous.
Le prix que nous valons, qui le ſait mieux que nous ?

Et puis, Meſſieurs les *Aſſociés*, connaiſſez-vous bien tous ceux qu'il vous a plu de livrer dans la foule, avec vous, à la riſée publique ? C'eſt pour les illuſtrer, à ce que vous dites. Mais êtes-vous ſûrs qu'ils ne préférent pas leur obſcurité à toute votre renommée? Quelle gloire y a-t-il à faire du bruit comme vous? Une caiſſe n'en fait que parce qu'elle eſt vuide.

N'avez-vous jamais obſervé que ce n'eſt pas l'homme de génie qui brille dans vos cercles? Il ne porte que de l'or, & il faut n'y avoir, comme vous, que de la petite monnoie. Dailleurs, l'homme de génie eſt ſi peu de choſe à-côté d'une bête en crédit! Une fois pour tout, quand vous verrez à la table d'un *Lucullus* le modeſte *Beauzée*, qui aſſis entre *Florence* & *Arnoulx*, parle peu; rapellez-vous, pour respecter jusqu'à son silence, que *Ticho-Brahé*, n'osant pas se lever devant un Prince, est mort, en dînant, d'une rétention d'urine.

Je reviens à votre scandaleux *Dictionnaire*. Il n'y a qu'une considération qui puisse justifier les recherches pénibles qu'il vous a coûtées.

Votre intention la plus sécrette a été, je le parierais, de couvrir de ridicule un *Musée* qui ne paraît pas devoir remplacer celui d'Alexandrie. Sous ce point de vuë, en épargnant toutefois M. de *Cailhava de l'Estendadoux*, vous pouriez rendre un insigne service aux Lettres. Car ces sociétés partielles, où avec quelques versicules & 36 francs, moitié d'avance, un échapé du college vient faire des promesses à la postérité, sont les fléaux des talens & des arts. Vous le savez : il n'y a plus que des *muséens* dans le monde. L'autre jour je vis entre les mains d'un Facteur de la petite Poste une lettre adressée à un Procureur *muséen*. Dans leurs boutiques, les Libraires ne voient que des *muséens* qui pour leur vendre une Tragédie, non réprésentée, leur en lisent la Préface. Ne semble-t-il pas voir Arlequin qui voulant vendre sa maison montre une pierre pour échantillon ?

Dans ce Muſée, qui avait rendu la *rue Dauphine* ſi célebre, ſe raſſemblaient des Ecrivains, vraiment originaux. Ils avoient tous un mérite différent. Et à-côté d'un érudit qui ſe tuait à prouver que Pythagore n'a jamais été carme, un petit coquin d'Abbé mettait une inſcription au bas de la *Vénus aux belles feſſes.* Enfin, la communauté des Muſéens s'eſt étendue comme l'Ordre de St François. On croirait que ſon Fondateur, le Préſident Court de Gebelin a penſé comme le Cardinal Mazarin, qui, importuné par tous les Courtiſans qui voulaient être Ducs, dit: J'en ferai tant, qu'il ſera ridicule de l'être, & de ne l'être pas.

Cette mode des *Musées* a circulé comme la *Poupée*, dans toutes les Villes de province. Qui n'a pas déja entendu parler des *Rosati d'Arras?* C'est dommage que toutes ces confrairies ne donnent pas leurs *Mémoires*, comme l'*Académie* des *Sciences*. Nous sçaurions du-moins que

Là, l'on fait mal; là, pas trop bien;
Là, fort peu de chose; & là, rien.

Quelques casuistes austeres ont trouvé mauvais que les femmes fussent affiliées à ces congrégations. C'est qu'ils ne sçavent pas qu'il n'y a que les femmes qui font aller les *corps*. Pourquoi court-on, tous les premiers *Jeudis* du mois, à l'aſſemblée extraordinaire des *Muſéens* ? Ce n'eſt pas ſans-doute pour écouter une diſſertation ſur les *maladies vétérinaires* ? C'eſt pour y voir toutes ces Chanoineſſes du *Pinde* qui, rangées à la file ſur des bancs, dans la *grand'*ſalle des *Cordeliers*, la tête loin du *bonnet*, avec des redingottes à l'anglaiſe, claquent à-l'envi de charmans *dupeurs d'oreilles*, qui déclament les vers qu'elles font encore. On peut cauſer avec elles : elles parlent de tout comme les hommes : elles comprennent tout : pour elles une cage n'eſt plus une cage ; & un oiſeau ne ſignifie pas toujours un oiſeau. C'eſt là que, plus d'une fois, en traverſant le *cloître*, *Vénus* a donné un baiſer à *Mars* pardeſſus l'épaule de *Vulcain*. Oh ! elle n'était pas du *Muſée* cette bonne & innocente Mere, qui ne voulait pas que ſa fille aſſiſtât à la lecture d'une comédie en *vers libres*.

Ce n'eſt pas ſeulement en public, que ces *amatrices* veulent paſſer pour profondes. Sçavantes, même dans leur boudoir, elles laiſſent à leurs époux benêts le ſoin de ranger le ménage. Il leur faut de vaſtes bibliotheques: &, perchées ſur une échelle, en jupon court, elles étudient les titres des plus gros & des plus antiques volumes. Ce ne ſerait point aſſez pour elles de connaître l'*Art de ſe rendre agréable dans la converſation*, *par Bellegarde*, & les *moyens* de *plaire*, de *Moncrif.* Entre les *mille & une nuits*, & les *mille & une faveurs*, ſe trouve, au-deſſus de leur toilette, un roman qu'a fait *Æneas Sylvius*, lors qu'il n'était pas encore *Pie II* : ce ſont les *Amans de Sienne*, où il eſt démontré que les femmes font mieux l'amour que les filles & les veuves. Avouez, Meſſieurs, qu'il y a bien des érudits du 18e ſiécle, ſans vous compter, qui n'ont jamais lu cet ouvrage traduit du latin.

N'eſt-ce pas ici le cas d'annoncer un ouvrage qu'une *Muſéenne* prépare par ſouſcription. C'eſt un *Traité* du *plaiſir*, à l'uſage des deux ſexes, avec figures. Il ſera diviſé en douze chapitres.

1. Des cauſes de l'action.

2. De l'unité de l'action.

3. Des fautes qui corrompent l'unité de l'action.

4. De l'intégrité de l'action.

5. Que l'action doit être un tout.

6. Du commencement, du milieu, & de la fin de l'action.

7. Du nœud & du dénouement.

8. De la maniere de faire le nœud.

9. De la maniere de faire le dénouement.

10. Des especes d'actions.

11. De la durée de l'action.

12. De l'importance de l'action.

N'est-ce pas là un ouvrage, Monsieur le Comte & Monsieur le Marquis, que vous deviez faire, avec vos plumes de feu; au-lieu de vous amuser tristement à faire des devises pour la rue des Lombards, *au Fidele-Berger*; & de ces contes que vous portez partout, comme disait Mde de Grignan, sans craindre la gabelle? Il est vrai que vous travaillez quelquefois à des chansons. Et

Et des chanſons ! n'en fait pas qui veut. Corneille convenait que cent vers Alexandrins lui coûtaient moins qu'un couplet.

Mais enfin vos talens promettent plus, & la France exige de vous les plus grandes conceptions.

Dans votre coterie, lorſque le vin de Champagne vous donne des penſées, que ne diſcutez-vous des queſtions d'état ? Examinez, par exemple, pourquoi la population diminue ; ſi c'eſt parce qu'il n'y a plus que les filles qui font des enfans ; ou peut-être parce qu'il n'y a jamais eu tant de Médecins.

Abattez à coup de plume ce tombeau des vivans, qui n'eût pas subsisté du temps des *Hercule*, des *Théſée*, des *Pirithoüs* ; cette baſtille où gronde ſourdement le tonnerre des Miniſtres, à l'inſçu des Rois ; où s'engloutirent en un matin ſept Chevaliers de Saint Louis, qui avaient oſé dire entre eux que Madame de Pompadour étoit plus propre au lit qu'au Conſeil.

Déchaînez-vous contre ces Héros que la nature enfante comme des volcans. J'enrage quand je lis que Pompée a bâti un temple à Minerve, parce qu'il avoit tué ou défait dans sa vie deux millions cent quatrevingt-trois mille hommes. C'etoit ce temple-là qu'un *Érostrate* devait brûler. Et de nos jours, n'avons-nous pas entendu un de ces *Briarées* qui levent vingt mille bras quand l'ennemi le force de changer de place, crier à ses cohortes ébranlées : Malheureux, n'êtes-vous pas faits pour être tués ? Messieurs, c'est *l'almanach* de ces assassins privilégiés qu'il fallait faire, pour les couvrir d'oprobre.

Quand vous aurez déraciné quelques-uns de ces préjugés que les hommes portent encore dans la beface d'*Ésope*, alors libre à vous dans vos momens de repos, de *fouetter* d'un *vers sanglant* nos *grands hommes* d'un jour.

Avez-vous besoin de vous égayer étendez-vous sur ces vieilles pécheresses qui soupirent à la *nicaise*; sur ces jolis sots, dont l'amour fait des fats, & qui, comme des Coqs-d'Inde passent leur vie à faire la roue; sur ces mylords de Paris, qui en bottes & un fouet à la main promenent, à pied & dans la crotte, leur ennui libertin.

Entre nous, n'êtes-vous pas un peu de ces Messieurs-là, Monsieur le Comte & Monſieur le Marquis? car comme eux vous avez le bonheur que vos ancêtres ſont nés avant vous : & il ſerait honteux que vous ne vécuſſiez pas en enfans de bonne maiſon. Dites - moi vrai : n'eſt-ce pas que tous nos Gentils-hommes qui ſçavent tout ſans avoir rien appris, n'ont pour la plupart que des *cœurs de citrouille bouillis dans de la neige*. Ce ſont des homoncules qui ſe conſolent de n'être rien pourvu que les autres ne ſoient pas quelque choſe.

Ce qui m'étonne, c'eſt que les femmes ſe laiſſent ſéduire par de petits ſatans qui n'ont rien à leur dire que quand ils ont quelque choſe à leur faire ; qui ne font pas plus de cas d'elles que d'une brochure qu'ils commencent & ne finiſſent pas.

Je ſçais de bonne part que vous, Monſieur le Marquis, ne pouvez ſuffire à vos ſultanes. On m'a parlé d'un emblême très ingénieux que vous avez fait graver ſur un de vos cachets ; c'eſt un chien couchant qui après avoir découvert des perdrix les arrête ſans ſe jetter deſſus : & on lit autour du joli chien : *abſtinet inventis*. Le beau plaiſir de faire ſouffrir le martyre aux femmes !

Elles s'attendaient qu'au retour de votre chaſte captivité, le ſolitaire de *Ham*, ſans chicaner avec de voluptueuſes créancieres, payerait dumoins les dettes de l'amour.

Réflexion faite, vous avez pris le meilleur parti, celui de l'indépendance. Sécouez toutes les chaînes qui ne ſont pas de roſes : & loin de *Minerve* & de ſon hibou, dites à vos parens grondeurs, qui *vivent trop pour* vos *péchés.*

Eſt bien fol du cerveau
Qui prétend contenter tout le monde & ſon *pere.*

www.ingramcontent.com/pod-product-compliance
Ingram Content Group UK Ltd.
Pitfield, Milton Keynes, MK11 3LW, UK
UKHW020523180726
13839UKWH00005B/2272